少年口才

粽子大战

认真倾听莫分心

时间岛图书研发中心◎编绘

北京时代华文书局

图书在版编目（CIP）数据

少年口才班. 粽子大战 / 时间岛图书研发中心编绘. -- 北京 : 北京时代华文书局, 2021.6
ISBN 978-7-5699-4197-5

Ⅰ. ①少… Ⅱ. ①时… Ⅲ. ①口才学－少儿读物
Ⅳ. ①H019-49

中国版本图书馆CIP数据核字（2021）第114102号

少年口才班　粽子大战

SHAONIAN KOUCAIBAN ZONGZI DAZHAN

编 绘 者 | 时间岛图书研发中心

出 版 人 | 陈　涛
选题策划 | 郄亚威
责任编辑 | 石乃月
封面设计 | 王淑聪
责任印制 | 刘　银

出版发行 | 北京时代华文书局 http://www.bjsdsj.com.cn
北京市东城区安定门外大街138号皇城国际大厦A座8楼
邮编：100011　电话：010-64267955　64267677
印　　刷 | 唐山富达印务有限公司　电话：022-69381830
（如发现印装质量问题，请与印刷厂联系调换）
开　　本 | 787mm×1092mm　1/32　印　　张 | 1.5　字　　数 | 16千字
版　　次 | 2021年6月第1版　印　　次 | 2021年6月第1次印刷
书　　号 | ISBN 978-7-5699-4197-5
定　　价 | 160.00元（全10册）

真诚赞美

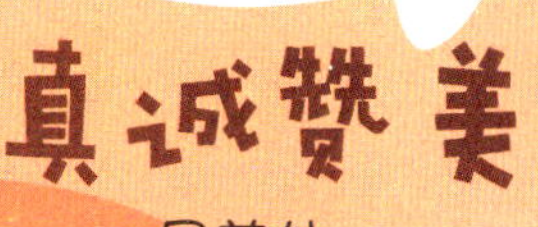

最美妙
动听的语言

赞美
带来双赢

赞美
不是拍马屁

赞美别人
不能伤害其他人

赞美自己也很
重要

赞美细节
更有说服力

主人公登场

个人简介

不太守规矩，酷爱新鲜事物，任何场合都能玩得很嗨的夏小佐

个人简介

成绩超好，举止优雅，爱帮助别人的暖心小女孩夏小佑

个人简介

喜欢认识新朋友，口才一级棒，有时候却粗心大意到让人抓狂的贾博

个人简介

爱吃草莓，胆子小，说话温柔，爱哭又爱笑的米娜

个人简介

喜欢扎马尾辫，热爱小动物的高个子女生柏丽尔

注重形象，做得一手好菜，却害怕猫的小佐妈妈

个人简介

慢条斯理，经常挨妈妈批评的小佐爸爸

个人简介

有学问又有耐心，非常了解孩子的班主任曹老师

个人简介

和蔼可亲，又不失幽默风趣的胖胖的苗校长

目录 MULU

主演
客串

主演
客串

主演
客串

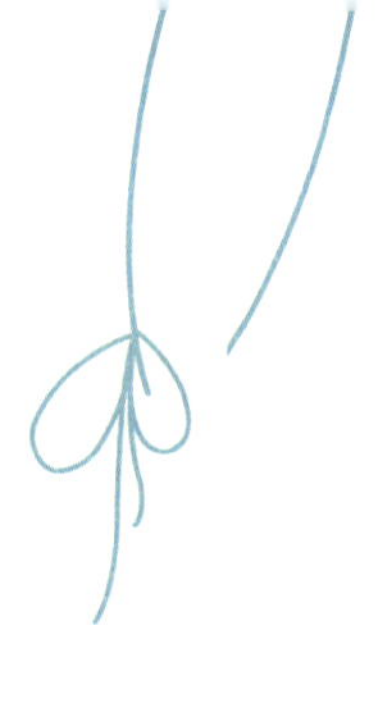

每个人都渴望得到赞美，希望自己的价值得到他人的肯定。赞美的话犹如一泓清泉，滋润心田。然而，我们的赞美是否能被对方接受，你又是否会赞美对方？一方面，赞美的方法和技巧要正确；另一方面，赞美时要坚持恰到好处的原则，把握好尺度。

粽子大战

端午节到了,家家户户都在包粽子。楼道里、花园里，到处飘着香喷喷的粽子味儿。

“**都快出来**，大家把手洗干净，准备包粽子。”妈妈把所有的食材都放在一张大桌子上，全家人围成一圈，准备大干一场。

全家四口人中，只有妈妈是包粽子的高手。爸爸也会包，只是包出来的样子不太好看。夏小佐和夏小佑完全摸不着头脑，不知道从哪里下手。

“别着急，我来教你们。”妈妈手把手地教兄妹俩包粽子。

夏小佑学得很快，看着妈妈示范了两次，就能包得有模有样了。夏小佐可愁坏了。那些粽子叶和糯米好像故意要和他作对，一会儿粽

子叶破了一个大洞，一会儿糯米洒了出来，费了九牛二虎之力，好不容易包好一个，绳子还无论如何也缠不紧。害得他手忙脚乱，急出了一头汗。

“太难了，我不包了。”

夏小佐把粽子往桌子上一扔，准备逃离这个战场。

妈妈端详着那个粽子，忽然说：“小佐包的这个粽子虽然没有缠紧绳子，但样子很好看啊！

都快赶上爸爸包的了。”

“**真的吗？**”夏小佐立刻来了精神，瞪着两只圆溜溜的眼睛，看着自己包的粽子。

妈妈把夏小佐没有包好的那个粽子拿在手上，用绳子缠紧，说：“我们小佐是个聪明的孩子，照这样做下去，很快就会学会的。”

听了妈妈说的这些话，夏小佐就像吃下了一颗大红枣，心里甜滋滋的。他重新拿起一片粽子叶，又**耐心**地学了起来。

这次好像真的顺利多了，粽子叶和糯米也变得听话了。在妈妈的指导下，夏小佐终于学会了包粽子。

一家人热热闹闹地把粽

子包好，放进大锅里，**咕嘟咕嘟**地煮了起来。

粽子煮熟后，夏小佐一边吃一边感叹："真甜！自己包的粽子就是好吃。以后，我每年都要自己包粽子。"

"**哈，那可真是太好了！**我的赞美大法成功啦！"妈妈突然兴奋地叫起来。

夏小佐和夏小佑听得一头雾水，不知道妈妈的葫芦里卖的什么药。爸爸解释道："妈妈最近看了一本书，书上说**赞美别人**，也会让自己得到好处，可以起到双赢的作用。你们看，小佐包粽子想要放弃的时候，妈妈说了几句赞美的话，让小佐重拾信心，学会了包粽子。小佐学会包粽子之后，就可以帮妈妈的忙了，妈妈就可以减轻负担，这不正是所说的双赢嘛！”

“**哦，原来是这么回事！**”兄妹俩不约而同地点点头。

夏小佐突然眼珠一转：“当初妈妈教爸爸包粽子，也是用的这招吧？”

“**啊**？这……**哈哈**……”

爸爸尴尬地笑了起来，全家人都被逗笑了。

老师说

喜欢赞美别人的人，都有一双善于发现美的眼睛。他们说着赞美的话，自己的心情也会变得愉悦。被赞美的人，会因为得到了鼓励，而变得越来越好。既然对双方都有好处，大家就尝试着多说一些赞美的话吧！

遥控飞机

晚上放学回家的时候，夏小佐和夏小佑在楼下的小广场上，看见一个大哥哥正在展示最新款的**遥控飞机**。

“这款遥控飞机采用了最先进的技术，可以飞得更高、更快、更稳，而且飞行时间比其他的遥控飞机都要长。”他一边说一边操控飞机在空中做各种炫酷的动作。

夏小佐的眼睛像被钉子钉住了一样，腿也迈不开步子了。

“哥哥，快回家吧。”夏小佑喊了一嗓子，夏小佐才回过神儿来。

“哇，这个飞机太酷了，我好想要一架。你说爸爸妈妈会给我买吗？”

“够呛，你已经有一架遥控飞机了，妈妈

肯定不会给你买了。不过，你可以去求求爸爸，说点儿好听的话夸夸爸爸，也许他会给你买的。”

“说好听的话？就是拍马屁呗，我最擅长了。”

兄妹俩一蹦一跳地回到家，发现妈妈还没有回来，爸爸正在厨房里择菜。夏小佐喜出望外，突然笑眯眯地走过去，扑进爸爸怀里，说：“我的好爸爸，你做的饭是天底下最好吃的，我

一口气能吃三碗。”

果然，爸爸“嗯”了一声，说：“马屁拍得不错。不过，拍到马蹄子上了。今天晚上不是我做饭，我只是把菜洗好。负责做饭的，是你们的妈妈。”

夏小佑在旁边听得咯咯笑。夏小佐赶紧解释道：“我不是在拍马屁，是在赞美爸爸。”

“赞美和拍马屁可是两回事哟！”爸爸意味深长地笑了笑。

夏小佑歪着脑袋想了想，说：“上次包粽子的时候，妈妈赞美哥哥包的粽子好看，我听着感觉非常自然。哥哥这次赞美爸爸，我怎么听着老是想笑呢！”

爸爸解释说："赞美是发自内心的，态度是真诚的，被赞美者会觉得心里很舒服。拍马屁是故意奉承、吹捧，背后常常隐藏着自己的真实目的。"

"**好了，好了！**"夏小佐知道再也瞒不住了，乖乖地承认说，"我确实是在拍马屁，其实我一点儿也不喜欢吃爸爸做的饭，我是为了让爸爸给我买最新款的遥控飞机才说那些话的。"

"**我就知道是这样！**"爸爸骄傲地抬起头。

夏小佐偷偷观察爸爸的脸色，发现他并没

有生气，又鼓起勇气问："爸爸，你会给我买遥控飞机吗？"

"这个嘛……等你学会了真心真意地赞美别人再说。"

爸爸刚说完，门外响起了熟悉的脚步声，妈妈回来了。夏小佐和妈妈打了声招呼，赶紧回自己的房间写作业了。

很快，厨房里传出了香喷喷的味道。

"开饭啦！"夏小佐和夏小佑大呼小叫着跳出来，摆桌子、放碗筷。一家人热热闹闹地开始

了愉快的晚饭时光。

“妈妈的厨艺真棒，每一道菜都做得很好吃。”夏小佐一边吃一边赞叹。

“那是，我可是天天研究菜谱呢！”妈妈听得心花怒放。

晚饭后，夏小佐趁着收拾桌子的时候，悄悄对爸爸说：“刚才我说妈妈做的饭好吃，是发自内心的赞美，不是拍马屁哟！”

“我早就听出来了，明天咱们就去买遥控飞机。”

“真的吗？爸爸万岁！”

夏小佐高兴得跳了起来。

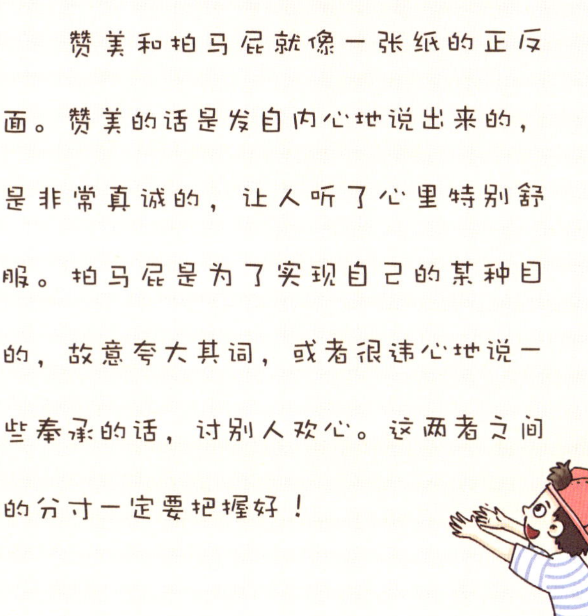

赞美和拍马屁就像一张纸的正反面。赞美的话是发自内心地说出来的，是非常真诚的，让人听了心里特别舒服。拍马屁是为了实现自己的某种目的，故意夸大其词，或者很违心地说一些奉承的话，讨别人欢心。这两者之间的分寸一定要把握好！

一句悄悄话

曹老师为了活跃课堂气氛，决定带同学们玩词语接龙的游戏。全班同学按照座位顺序，一个接一个地接龙，说不上来的同学要表演一个节目。

“鲜花！”曹老师说出了第一个词。

“花园。”

“园丁！”

“丁……”轮到米娜了，她突然脑子里一片空白，一个词也想不出来了。曹老师开始倒计时了：

“3，2，1！好，这一轮游戏结束。下面请米娜为我们表演一个节目。”

在同学们的掌声中，米娜不情愿地站了起来。她平时很喜欢唱歌，但都是自己小声哼哼，从来没有在大庭广众之下唱过歌。“万一唱错了或者唱得很难听，多难为情啊！**太丢脸了**。”越是这么想，她的心里越紧张。她使劲低着头，两只手无助地在桌子上摸索着，不知道该怎么办才好。

夏小佐看出了米娜的心思，对她说：“米娜，你是最棒的，加油！”

全班同学也跟着说：“米娜，你是最棒的，**加油！**”

可是，这些话对米娜一点儿作用也没有。她紧紧地咬着嘴唇，脸蛋红彤彤的。

这时，坐在米娜后面的夏小佑站起来，趴在她的耳边说了一句**悄悄话**。米娜的眼睛突然闪出一道亮光，她冲着夏小佑点点头，勇敢地走到讲台上，为大家唱了一首歌。

唱完以后，米娜重新回到自己的座位上。

曹老师好奇地问米娜：“你为什么突然变得这么自信了？”

米娜羞答答地说：“因为夏小佑对我说了一句赞美的话。”

“哦？”曹老师兴致勃勃地说，“同学们猜一猜，夏小佑对米娜说的是什么。”

“你非常漂亮。”

“你真聪明。”

“你真的可以。”

同学们七嘴八舌地说出了心里的答案。曹老师问夏小佑：“他们猜对了吗？”

“没有，”夏小佑站起来摇摇头，说，“我说的是‘你穿这件裙子真漂亮，就像电视上的明星一样，**闪闪发光**’。”

“也没什么特别的啊！”同学们有点儿失望。

夏小佐不服气地说：“我们大家一起喊‘米娜，你是最棒的’，也是在赞美她呀！”

“**没错**，”曹老师肯定地点点头，“你们大家说的都是赞美的话，可是像‘你真棒’‘你很厉害’这样的话，随便用在哪一个人身上都可以。

比如‘夏小佐真棒’‘贾博，你真厉害’。而夏小佑注意到米娜今天穿了一条新裙子，从这个小细节出发去赞美她，这样的赞美就是独一无二的，米娜就会变得自信起来。这样一比较，你们认为哪种赞美方式更好呢？”

“夏小佑的方法好！”同学们异口同声地回答道。

解决了这个问题以后，大家又快活地玩起了词语接龙游戏。

放学回家的路上，夏小佐对夏小佑说：“仔

细想一想，你今天对米娜说的那句悄悄话，好像真的有魔力一样，一下子就让米娜自信起来了。你真的很会赞美别人啊！”

“**你也是啊！**”夏小佑笑眯眯地回答。

“我只会说‘你最棒’。”夏小佐不好意思地挠了挠头。

“刚刚你夸我会赞美别人，就抓住了细节，说得非常好。”

“**对啊！**”夏小佐恍然大悟，“没想到这么快就学会了，我简直就是个天才，**哈哈**……”

如果你不知道该怎样赞美别人，那么就留心观察，看看被赞美者身上有没有什么特别的地方，比如发卡很漂亮，鞋子很时髦，声音非常好听，等等，从这些细节去赞美别人，效果会加倍！

我其实也很棒

考试成绩出来后，不用老师**一个一个**地念成绩，只要看一看同学们的面部表情，就能猜个八九不离十。

夏小佑和米娜的脸上笑成了一朵花，不用说，她们的数学、语文肯定又考了100分，音乐、美术、体育也接近满分。

贾博的嘴角微微上扬，眼睛眯成了一条线，

说明他对自己的考试成绩很满意。至于是 70 分、80 分，还是 90 分，都不重要。

柏丽尔拿到试卷的那一刻，长长地松了一口气，显得非常轻松。因为她这次考试进步了，并且还受到了老师的表扬。

夏小佐考得怎么样？嘿嘿，看看他那张布满乌云的脸就能猜得出来。

数学 61 分，语文 60 分，音乐 65 分，美术 62 分，就连自己平时最擅长的体育，这次也考得很不理

想，只有68分。谁让他在考试那天吃了两盒冰激凌呢，考体育的时候肚子疼，根本没有力气跑起来。

“唉，所有的科目都是刚刚及格，回家怎么跟爸爸妈妈交代呀？他们一定会对我非常失望的。”夏小佐无聊地踢着一个小石头，唉声叹气地走着。

“只是一次小小的考试而已，别放在心上。以后好好学习，把成绩赶上来就行了。”夏小佑贴心地安慰哥哥。

“能赶上吗？”夏小佐疑惑地问，“我是不是特别没用啊？特别笨啊？你看你，又聪明又乖巧，多讨人喜欢啊！我好像除了调皮捣蛋，什么都不行。”

夏小佑摇着头说：“怎么

会呢，你身上也有很多优点。”

“真的吗？可是我一个都没有发现。”

兄妹俩说着话，不知不觉来到了广场上。

今天的风不大不小，吹在身上特别舒服。有个小女孩正在广场上放风筝。风筝刚刚飞起来，小女孩的脚突然被砖块绊了一下，她的身子一歪，风筝线从手中飞走了。

“我的风筝！”小女孩急得叫了起来。

“帮我拿着书包。”夏小佐把书包塞给夏小佑，“嗖”一下冲了出去，一眨眼的工夫就追上了那只风筝。风筝被风吹着，还在往高处飞。

夏小佐屏住呼吸，使出全身力气往上一跳，一把就抓住了风筝线。

“小哥哥，**你真厉害！**”小女孩高兴得拍着手跳起来。

夏小佐把风筝还给小女孩，小女孩赞叹道：“小哥哥，你刚才跳得真高，都快要飞起来了。”听见小女孩夸赞自己，夏小佐不好意思地笑了。

回家以后，夏小佐突然高兴地说：“刚才那个小女孩夸我跳得高，这算不算是优点？”

“**当然算啊**，”夏小佑说，“你不但跳得高，跑得还快呢！你热情、有爱心，每次吃饭的时候都把饭吃得干干净净，一粒米也不剩下。我哭的时候，你会逗我开心……这些统统都是你的优点。”

“这么算起来，我的优点还不少呢。原来我也很棒。”说出这句话以后，夏小佐的**心情**顿时舒畅了，就好像一直笼罩在头顶上的乌云突然散开了。

他坚定地说：“爸爸妈妈回来以后，我要把成绩告诉他们。我再也不会看不起自己了，因

为我也有自己的优点，**我也很棒！**”

“加油！”

“加油！”

兄妹俩碰碰拳头，浑身上下充满了力量。

老师说

赞美别人的同时，千万不要忽略了自己！感到沮丧的时候，找一找自己身上的优点，给自己一个大大的微笑，说两句赞美的话，心情就会好起来了。

我要和你绝交

贾博和夏小佐**绝交**了。

小佐的爸爸妈妈觉得好奇怪：“你们两个不是铁哥们吗？平时一天不见面就想得吃不下饭，怎么会突然绝交了呢？”

“是他太小心眼了！”

夏小佐满肚子委屈，眼泪都快流出来了。

爸爸妈妈没有再继续追问下去，而是把夏

小佑拉到旁边，小声问：“到底怎么回事？”

夏小佑看了夏小佐一眼，原原本本地说出了事情的经过。下午，米娜的爸爸来给同学们上书法课，教大家用毛笔写了一个“上”字。下课以后，柏丽尔拿着自己的字问夏小佑：“我写得好看吗？”

夏小佑还没来得及回答，夏小佐就抢着说：

“好看，非常好看，比贾博写得好看多了。他写的字像一只黑色的大蜘蛛。”

这句话被贾博听见了，他立刻气得火冒三丈：“夏小佐，我没招你没惹你，你为什么嘲笑我？”

“我没嘲笑你，我只是在夸柏丽尔写的字好看。你也太小心眼了吧！”夏小佐不明白贾博为什么会有这么大的反应。

“明明是你做错了，还说我小心眼。你真的太过分了！”贾博情不自禁地大声喊道，“我要和你绝交！”

“绝交就绝交，莫名其妙！”夏小佐也生气了。

就这样，两个寸步不离的好朋友谁也不理谁了。

夏小佑一边说，夏小佐一边哭。等夏小佑说完，夏小佐已经哭成了一个泪人儿。“哎哟，我们的小佐好像受了很大的委屈哟！”妈妈把夏小佐搂进怀里，夏小佐哭得更厉害了。

好朋友突然要和自己绝交！这么严重的事，谁遇到都会伤心的。

妈妈和爸爸安慰了夏小佐一会儿，等他的

情绪稳定以后，他们谁也没有再提这件事，而是像平常一样，洗菜、做饭、吃饭，好像什么也没有发生过一样。

吃过晚饭以后，天还没有黑，爸爸妈妈便带着兄妹俩到楼下打**羽毛球**。

夏小佐还是提不起兴趣来，爸爸发过来的球他一个也接不住。而夏小佑和妈妈你来我往，打得非常开心。

“**小佑打得真好，**”爸爸偷偷瞥了夏小佐一眼，赞叹道，“比小佐打得好多了。小佐半天一个球也没接着呢，打得太烂了。”

“**爸爸！**”夏小佐不高兴了，“你夸妹妹我没意见，为什么要损我？”

爸爸皱着眉，装出一副很无辜的样子说：“我没损你啊！只是把你和小佑比较了一下，你确实没有她打得好。难道，我说得不对吗？”

“没错，可是我……”夏小佐低着头忽然觉得这一幕非常熟悉，好像曾经发生过。

夏小佑说：“哥哥今天也是这样说贾博，贾博才生气的。”

夏小佐突然明白了什么：“爸爸，你是故意

这样说，想让我意识到自己的错误吧！”他抬起头，直勾勾地看着爸爸。

爸爸意味深长地说：“你赞美柏丽尔的字好看没有错，但不该贬低贾博。你有没有想过，当贾博突然听到那些难听的话时，他的心里会有**多么难受**！”

“我现在知道了。”夏小佐把球拍交给爸爸，转身跑回了楼里。妈妈想拦住他，爸爸摇摇头说：“他去给贾博打电话道歉了。”

果然，过了一会儿，夏小佐欢天喜地地跑回来了，激动地说：“贾博原谅我了！他答应明天和我一起上学，他不和我绝交啦！”

看着夏小佐**欢蹦乱跳**的样子，全家人都为他感到高兴。

老师说

赞美别人的方法有很多种。靠贬低一个人，来赞美另外一个人，是最不明智的做法。请小朋友们记住：无论何时，永远都不要说贬低别人的话。那样会伤害别人的自尊心，甚至破坏两个人之间的感情。